AF138809

Bibliografische Information der Deutschen Nationalbibliothek:
Die Deutsche Nationalbibliothek verzeichnet diese Publikation in der
Deutschen Nationalbibliografie; detaillierte bibliografische Daten sind
im Internet über http://dnb.dnb.de abrufbar

© 2015 Dyda Dolor
Herstellung und Verlag:
BoD – Books on Demand, Norderstedt

ISBN 978-3-7347-7278-8

Von Zärtlichkeit und Liebe

Für Karli
Danke für Dich

Einfach

Ich bin einfach
verrückt nach Dir.

Ich will einfach
mir Dir zusammen sein.

Ich habe mich einfach
in Dich verliebt.

Kein Sänger

Ich bin kein Sänger
und kein Tänzer
und ich kann ganz schlecht
mit Worten umgehen.

Aber wenn ich an Dich denke,
könnte ich singend
durch die Straßen tanzend
von meinen Gefühlen schwärmen.

Denn Du machst mich glücklich
dass ich zu jeder Zeit
an jedem Tag
einfach nur lächeln muss.

Reaktion

Wenn ich Dich
in der Ferne sehe
muss ich grinsen

Meine Augen strahlen
und meine Wangen
werden rot,

ohne
dass ich etwas
daran steuern kann.

Mein Körper
reagiert einfach
auf Dich

Aber
wenn ich das Glitzern
in Deinen Augen sehe

könnte ich meinen
Dir geht es
mit mir ebenso.

Du

Ich habe Dich
sehr lieb
und will mit Dir
jede freie Minute verbringen.

Du gibst mir Kraft
und Mut
und in Deiner Gesellschaft
erhole ich mich.

Du bist
ein Geschenk Gottes
das mich
unbeschreiblich glücklich macht.

Freude

Du machst mich glücklich
das kann ich
voller Ernst behaupten

Denn Du bist der Mensch
über den ich mich am meisten freue
wenn ich ihn sehe

und das kann nur eins bedeuten:
ich bin einfach
in Dich verliebt.

Liebe

Es spielt keine Rolle
wo ich bin

und es spielt keine Rolle
wie mies gelaunt ich bin;

wenn ich Dich sehe
strahlen meine Augen

und ich bin
glücklich

denn Du bist der Mensch
der mein Herz schlagen lässt.

Überraschungen

Du schaffst es ständig
mich zu überraschen

und das obwohl Du genau weißt
dass ich keine Überraschungen mag.

Ich kann es nicht leiden
unvorbereitet zu sein

aber
ich gebe zu:

Deine Überraschungen
mag ich.

Sonnenaufgang

Es spielt keine Rolle
ob es draußen regnet

oder ob es stürmt
und schneit

es ist nicht von Bedeutung
ob es kalt draußen ist

Wenn ich Dein Lächeln sehe
und Du mich anstrahlst

ist es für mich
als wenn die Sonne aufgeht.

Dich sehen

Ich denke an Dich
und ich freue mich auf Dich

dass wir uns wieder sehen
und berühren können

denn Dich zu fühlen
und Deine Wärme zu spüren

ist das schönste Gefühl
das ich kenne.

Perfekter Mensch

Manchmal denke ich
es ist alles zu perfekt

Du bist
der perfekte Mann.

Der perfekte Mann
für mich.

Bei jemandem wie Dir
müssen die Frauen Schlange stehen

Und bei jemandem wie Dir
ist es schwer zu glauben,

dass Dir jemand wie ich
gefallen kann.

Verliebte

Wir haben uns
erst vor kurzem
kennen gelernt.

Und als
die erste Verliebtheit
verflogen ist,

habe ich zum ersten Mal
den Menschen gesehen
der mir mein Herz gestohlen hat

und dem ich
trotz allem
nicht böse sein kann

Da ich ihn
über alles
liebe.

Mein Traum

Dich zu sehen
und Dich zu berühren
ist wie ein Traum.

Ein Traum von Liebe,
von Glück
und von Seeligkeit.

Und erst jetzt,
wo ich Dich kenne,
geben diese Worte Sinn.

Du bist mein Traum:
schöner als ich es mir
jemals hätte ausdenken können.

Droge

Ich bin besessen,
von Dir.

Ich bin verrückt
nach Dir.

Ich denke immerzu
an Dich.

Ich will Dich
die ganze Zeit.

Und bin erst zufrieden
wenn ich Dich berühren kann

denn Du bist die Droge
nach der ich süchtig bin.

Leuchten

Du inspirierst mich
zu Hochleistungen

motivierst mich
und gibst mir Halt

Du hast ein Licht
in mir angeschaltet

vorher
war es nicht Dunkel,

aber leuchten tu ich
nur wegen Dir.

Gefährte

Ich will Dich
Tag und Nacht
bei mir haben.

Du bist mein Gegenstück
das mich erst
vervollständigt.

Meine Stütze,
mein Halt
und mein Ruhepol.

Du bist mein bester Freund,
mein Gefährte
und mein Geliebter

ich danke Dir
für jeden Augenblick
den Du bei mir bist.

Macht

Du bist der einzige Mensch
auf der weiten Welt

der es mit nur einem Wort schafft
mir den Tag zu vermiesen.

oder mit nur einem Blick
den Tag zu retten

Es ist eine gefährliche Macht
die Du über mich hast.

und ich bin mir nicht einmal sicher,
ob Du Dir dessen bewusst bist.

Unterschiede

Ich bin schwach
wo Du stark bist

ich bin unmotiviert
wo Du interessiert bist

ich bin chaotisch
wo Du organisiert bist

ich könnte unsere Gegensätze
ewig weiter auflisten

aber wenn wir zusammen sind
spielt das alles keine Rolle

denn wenn wir zusammen sind,
sind wir beide glücklich.

Luftschlösser

Du sagst mir
Du willst im Jetzt leben

Du sagst mir
Du willst keine Luftschlösser mehr bauen

aber
Du vergisst

dass Du mir noch nie
von Deinen Luftschlössern erzählt hast

und mich niemals
nach meinen Träumen gefragt hast.

Vollkommene Begegnung

Ich habe das Gefühl
Dich schon eine Ewigkeit
zu kennen.

Und das obwohl wir uns
erst vor kurzem
begegnet sind.

Es ist schön
einen Menschen zu treffen
der so perfekt ist wie Du

Denn in meinen Augen bist Du
- trotz winziger Makel -
absolut vollkommen.

Glücklich

Seit ich Dich kenne
geht es mir
unglaublich gut.

Du
bist der ausschlaggebende Punkt,
der mich glücklich macht.

so glücklich,
dass ich keinen
Vergleich geben kann.

Ich bin mit Dir so glücklich,
wie noch nie
in meinem Leben zuvor.

Und ich will alles dafür tun,
dass mir dieses Gefühl
erhalten bleibt.

Gespür

Ich liebe Dich
jeden Tag
ein bisschen mehr.

Wo andere Ruhe
und ein wenig Abstand
haben wollen,

kann ich nicht
genug von Dir
bekommen.

Und es ist wundervoll zu merken,
dass es Dir
ebenso geht.

Deine Gegenwart

Ich bin verrückt nach Dir
mit jeder Faser meines Körpers

Ich denke an Dich und kann es nicht abwarten
Dich wieder zu sehen.

Ich will jeden Tag, jeden freien Augenblick,
Deine Stimme hören

denn nur dann weiß ich,
dass Du Wirklichkeit bist

und nicht nur ein Produkt
aus meiner Phantasie.

Dich jeden Tag einmal sehen
und wenigstens kurz spüren zu können,

wäre für mich das größte Glück,
das ich mir vorstellen kann.

Das Beste

Ich will
nur das Beste
für Dich

Und falls das bedeuten sollte,
dass für mich selbst
nicht so viel übrig bliebe

dann nehme ich
dieses "Opfer"
mit Freuden auf mich.

Denn Du bist in meinen Augen
das Wertvollste,
was es gibt

und Du verdienst
nur
das Beste.

Geborgenheit

In Gedanken
wache ich stets neben Dir auf,
verschränke meine Finger mit Deinen
und schmiege mich ganz fest an Dich,

sodass ich
Deine Wärme
in mich aufnehmen kann.

Ich lege meinen Kopf auf Deine Brust,
höre auf Deinen Herzschlag,
und streiche sanft
über Deine Haut.

Wenn ich
neben Dir
einschlafe

gibt es nur eine Art
zu beschreiben
was ich fühle:
Absolute Geborgenheit.

Vielleicht / Ganz sicher

Vielleicht bin ich
nicht normal
weil ich anders denke
als die meisten Menschen.

Vielleicht bin ich
nicht optimistisch
weil ich auch negatives
zu bedenken gebe.

Und vielleicht bin ich
zu unerfahren
weil ich oft nicht weiß
wie ich reagieren soll.

Aber egal was mit mir nicht stimmt,
eins weiß ich genau:
ich liebe Dich,
weil Du mir das Wichtigste auf der Welt bist.

Zeitgefühl

Die Minuten ohne Dich
ziehen sich
scheinbar endlos dahin.

Ich starre auf die Uhr
und habe den Eindruck
es vergeht keine Zeit.

Doch wenn Du bei mir bist
und ich nicht will,
dass der Tag jemals endet

verfliegt die Zeit
und es ist
zu schnell vorbei

Der Abschied
kommt jedes Mal
viel zu früh.

Denn es ist immer wundervoll
auch wenn wir nur für kurze Zeit
zusammen sind.

Zu jeder Zeit

Ich habe mir
Urlaub genommen
und ich habe
meine Freizeit verplant.

Ich habe es so eingerichtet
das wir jede freie Minute
gemeinsam verbringen können
- wenn wir es wollen.

Das macht keine Umstände:
ich habe nur festgestellt,
dass ich mit Dir glücklich
und zusammen sein will.

Gedanken an Dich

Ich denke an Dich
zu jeder Zeit

In Gedanken
bist Du nie weit weg

Das stört nicht
meinen Alltag

sondern fordert eher
meine Aufmerksamkeit

und deswegen
kann ich sagen

voller Überzeugung:
Du tust mir gut.

Spuren

Du bist gegangen
ich bin alleine
ich vermisse Dich
und denke an Dich

Ich weiß
wir werden uns wieder sehen
aber das ändert nichts
an meinen Gefühlen.

Ich schaffe es nicht
aufzuräumen
was Du
berührt hast

und ich schaffe es nicht
das Bett zu machen,
das noch immer
nach Dir riecht

es soll alles so bleiben
wie es ist
bis ich Dich wieder
in meine Arme schließen kann

und Du neue Spuren
Deiner Existenz
in meinem Leben
hinterlassen kannst.

Stolz

Neben Dir zu gehen
und neben Dir zu stehen

gibt einem das Gefühl
gewachsen zu sein.

Ich bin Stolz
neben Dir zu stehen

und ich blühe auf
ein Stück gemeinsamen Weg

mit Dir
zu gehen.

Meine Muse

Den ganzen Tag
bist Du in meinen Gedanken
Du bist meine Muse
und meine Inspiration

In Gedanken an Dich
setze ich alles um
und mit Deiner Hilfe
verwirkliche ich meine Träume

Ich danke Dir
dass Du bist
wie Du bist:
meine Muse.

Gefallen

Ich bitte Dich
um eine Kleinigkeit:
ich erwähne es
nur beiläufig.

Ich rechne
nicht wirklich
mit einer Reaktion
von Dir

Doch Du
überraschst mich
wie schon
so oft

Du reagierst
und bist sofort mit dabei
und ich danke Dir
für Dich.

Großzügigkeit

Du verwöhnst mich
ohne es zu merken

Du bist schlicht und einfach
perfekt für mich

und ich danke jedes Mal
dass ich Dich sehe

für Deine Selbstverständlichkeit
mir gut zu tun.

Deine Anwesenheit

Es tut mir gut
Dich zu sehen.

Du
tust mir gut.

Es fühlt sich
nach Geborgenheit an,

wenn Du mich
in den Arm nimmst

und es fühlt sich
nach Sicherheit an,

zu wissen,
dass Du neben mir liegst.

Ich danke Dir
für Deine Liebe.

Aufmerksamkeit

Du gibst mir den Mut
ich selbst zu sein
ohne Angst davor
was andere denken.

Du überschüttest mich
mit den schönsten Komplimenten
die ich mir
vorstellen kann.

Und in Deinen Augen
sehe ich einen Blick
der mir das Gefühl gibt
dass Du es ehrlich meinst.

Was ich liebe

Es sind
die Kleinigkeiten
die ich
an Dir liebe.

Wie ein Besuch von Dir
für einen Kuss
oder ein Essen
einfach nur so

Dass Du vor der Arbeit wartest
um mich abzuholen
oder meine Hand drückst
wenn wir spazieren gehen.

Wie Du mir
in den Mantel hilfst
oder mir
die Tür aufhältst.

Du bist höflich und charmant
und bei jeder Geste
wird mir klar
wie viel Du mir bedeutest.

Der mich kennt

Du bist der Mensch
bei dem ich sein kann
wie ich wirklich bin

Ich muss nicht darauf achten
was ich sage
oder wie ich mich verhalte

Ich brauche mich nicht
verstellen und
höflich sein

Denn Du bist der Mensch
der mich durch und durch
versteht.

Zeit

Ich denke an Dich
die ganze Zeit
ich will mit Dir reden
die ganze Zeit
und Deine Stimme hören.

Ich will Dich berühren
die ganze Zeit
Deine Wärme spüren
die ganze Zeit
bei Dir sein.

Und wenn wir uns sehen
für kurze Zeit
und zusammen sind
für kurze Zeit
ist es viel zu schnell vorbei

Und so warte ich
die ganze Zeit
und denke an Dich
die ganze Zeit
dass wir uns wieder sehen.

Gegenwart

Irgendetwas
hat sich verändert

eine Kleinigkeit
die den Unterschied macht

Du redest von uns
nur in der Gegenwart

als hätten wir
keine Zukunft mehr

Du hast Angst
dass es nicht wahr sein könnte

und Angst davor
Fehler zu machen

Doch Du kannst mir glauben
wenn ich vor Dir stehe

und Dir sage:
Ich liebe Dich.

Entscheidung

Irgendetwas ist passiert
Irgendetwas habe ich falsch gemacht

Du redest von uns
nur in der Gegenwart

und nicht mehr
in der Zukunft

Als wenn wir
ein Verfallsdatum hätten.

Es tut mir leid,
wenn ich etwas falsch gemacht habe

Und es tut mir leid,
dass ich manchmal komisch bin.

Du bist mir wichtig
wichtiger, als alles andere

Und wenn ich das nächste Mal
die Wahl

zwischen Dir
und jemand anderem habe

wird meine Entscheidung
mit großer Sicherheit

wieder
auf Dich fallen.

Ehrlichkeit

Ja, Du hast mir Angst gemacht.
Aber ich finde das nicht schlimm.

Denn Du hast mir Deine Meinung gesagt.
Deine Gedanken mit mir geteilt.
Du warst ehrlich zu mir.

Und auch wenn mir der Inhalt
Deiner Worte nicht gefällt,
so freue ich mich darüber zu wissen,
dass Du dennoch ehrlich zu mir bist.

Alles für Dich

Ich denke an Dich
und ich
träume von Dir

Du bist mir so kostbar
wie sonst nichts und niemand
auf der Welt

Ich würde Dir
so gerne
die Welt zu Füßen legen.

Ich würde Dir
liebend gerne
jeden Wunsch erfüllen.

Für Dich
würde ich
alles auf mich nehmen

und für Dich
würde ich jeden Charakterzug
an mir ändern

der Dich
auch nur im Entferntesten
stören könnte.

Sorge

Ich mache mir
ständig Gedanken um Dich

Ob es Dir gut geht
Und ob ich Dir helfen kann.

Ich will Dich in Sicherheit
und bei bester Gesundheit wissen.

Denn erst dann werde ich
ruhig schlafen können.

Miteinander Sprechen

Eine Aussprache
zwischen Dir und mir
kann nur
etwas positives sein.

Denn wenn jeder von uns
seine Gedanken laut ausspricht
kann nur etwas Gutes
dabei herauskommen.

Ängste

Ich habe Angst.
Riesige Angst Dich zu verlieren.

Dass Du weg gehst
und ich Dir nicht folgen kann.

Oder Du nicht mehr willst
dass wir zusammen sind.

Es hilft kein Reden und kein Vertrauen
mir diese Angst zu nehmen.

Aber wenn Du mich in Deine Arme schließt
und ganz fest an Dich drückst

scheint meine Angst
sehr, sehr weit weg.

Verlustangst

Manchmal
wenn Du über uns redest
machst Du mir Angst

Wenn Du laut sagst
Du glaubst nicht an Träume

und Du weißt nicht
ob Du nur mit mir
befreundet sein willst.

Dann zerbricht in mir
mein kleines Herz

denn ich weiß genau
dass Du für mich
der perfekte Partner bist

und ich Dich
nicht verlieren will.

Hürden

Wir sind erst seit kurzer Zeit ein Paar
und wir hatten bisher das Glück
nur guten Zeiten zu genießen.

Jetzt wird es sich weisen
ob wir beide auch
Herausforderungen meistern können.

Und ob wir beide
diese Prüfungen des Schicksals
bestehen werden.

Denn dann steht es außer Frage
dass wir beide
füreinander bestimmt sind.

Missverständnis

Ein unbedachtes Wort
von Dir

und ich stehe den ganzen Tag
neben mir

Ich überlege ob ich etwas Falsches
gesagt oder getan haben könnte.

Nur um am Ende des Tages
festzustellen,

dass ich es falsch verstanden
und meine Sorgen umsonst waren.

Schicksal

Wie Du gestern
die Worte gesagt hast
"Vielleicht soll es nicht sein"
hast Du mich verletzt

Ich war sprachlos
und wusste nicht
was ich darauf
erwidern sollte.

Ich hatte Angst
eine mir unbekannte Grenze
überschritten und Dich
verloren zu haben.

Und erst heute
ist mir eingefallen
was ich Dir gestern
hätte erwidern können:

Vielleicht war es Schicksal
wie wir uns
zum ersten Mal
begegnet sind.

Vielleicht war es Schicksal
dass wir festgestellt haben
dass wir beide - trotz Unterschieden -
gut zueinander passen.

Und vielleicht war es auch Schicksal
dass wir beide uns
ineinander
verliebt haben.

Ich bin für Dich da

Auf der Welt
passieren viele Dinge
und nicht alle
sind zum Freuen.

Manche tun weh,
sind verletzend
und manch andere
machen traurig.

Du bist nicht alleine
auch wenn Du Dich
manchmal
so fühlst.

Nur liegt es nicht
in meiner Natur
Dir Deinen Kummer
schön zu reden.

Aber ich will Dir gerne
tröstend zur Seite stehen
und wenn schlimme Dinge passieren, zeigen:
ich bin für Dich da.

Bewahren

Schlimme Dinge passieren
und ich will Dich
vor all dem Bösen
und Schmerzhaften da Draußen
bewahren.

Ich will Dich
in einen Kokon aus Watte packen
dass Dir nichts passieren kann
und Dich nur die schönen Dinge
erleben lassen.

Aber Dir eine Scheinwelt vorzugaukeln,
auch wenn es in guter Absicht geschieht,
ist wie eine Lüge
und ich möchte Dich
nicht anlügen.

Du bist nicht allein

Du bist traurig
und enttäuscht,
weil ich Dir nicht das sage
was Du hören möchtest.

Du fühlst Dich alleine
und verlassen
und möchtest doch nur
ein paar tröstende Worte von mir

Ich kann schwer
in Worte fassen
was in meinem Kopf
vor sich geht.

Aber ich kann Dich in die Arme schließen,
einfach nur festhalten
und Dir zeigen:
ich bin für Dich da.

Entschuldigung

Du bist enttäuscht
und ich kann es Dir nicht verdenken

es ist nicht so
dass wir uns streiten

wir sind uns einig
dass Du Recht hast

und alles
was ich sagen kann

ist:
es tut mir leid.

Furcht

Ich habe Angst davor
Dich zu sehen

und gleichzeitig
sehne ich mich nach Dir.

Du bist der Mensch
den ich liebe

und ich habe Angst davor
unsere Beziehung

sabotiert
und vollends zerstört zu haben.

Unbeholfen

Ich weiß
ich bin jung

und ich weiß
ich bin stürmisch

und gierig
und tue Dir dadurch weh.

Ich sage Dir
dass ich es nicht

mit Absicht mache
und Entschuldige mich

doch das ändert nichts
an Deinen Schmerzen.

Es tut mir leid,
dass ich so bin

und das Einzige
dass ich Dir versprechen kann

das ich versuchen werde
das in Zukunft zu ändern

Probe

In einer Beziehung spielt es keine Rolle,
wie lange man sich kennt.

Es wird immer gute
und schlechte Zeiten geben.

Momente, in denen man zusammen
einfach den Tag genießen kann

und Augenblicke
die von Stress geprägt sind.

Wichtig ist nur
das man zusammen hält

und man weiß, egal was kommt
wir stehen das durch - gemeinsam.

Deine Last

Du bist mit einem Mal so ruhig
so schweigsam und still,
ganz anders als ich Dich kenne.

Ich weiß was Dich beschäftigt
und ich weiß
was Du Dir für Sorgen machst.

Ich würde Dir gerne
die Last von Deinen Schultern nehmen
und Dir sagen,
dass alles gut werden wird.

Aber ich kann es nicht,
da ich nicht weiß,
was sein wird.

Ich kann nur bei Dir sein
und mit Dir gemeinsam
hoffen.

Rückblick

Ich vermisse manchmal
die alten Zeiten
wie es früher war.

Am Anfang
als wir uns gerade erst
kennen lernten.

Das bedeutet nicht,
dass es damals schöner
oder besser war.

Nur anders:
irgendwie verspielter
und nicht so ernst.

An meinen Gefühlen für Dich
hat sich nichts verändert.
Im Gegenteil:

je mehr ich von Dir weiß,
desto stärker zieht es mich
zu Dir.

Aber damals war noch nicht klar
wie es sich entwickeln würde
zwischen uns

und damals hatte ich
nicht so viel zu verlieren:
nämlich Dich.

Darum

Wenn Du mich fragst
was ich machen will
ist es mir egal
solange wir es
gemeinsam machen.

Wenn Du mich fragst
ob ich mitkommen will
ist es mir egal
wohin wir gehen,
solange ich bei Dir bin.

Und wenn Du mich fragst
was ich
mit Dir machen will
sage ich: alles,
weil ich Dich liebe.

Sehnsucht

Es ist noch keinen Tag her,
dass ich Dich zuletzt gesehen habe

und trotzdem
fehlst Du mir

Du fehlst mir:
und ich denke an Dich

Ich warte
auf eine Nachricht von Dir

ein kurzer Anruf,
damit ich Deine Stimme hören kann

Es gibt nur einen Weg
mich dafür zu entschuldigen

Ich liebe Dich
und will immer bei Dir sein.

Wie Tag und Nacht

Wir sind unterschiedlich
und haben nicht wirklich
die selben Interessen.

Wir sind voneinander besessen
und genießen
unsere gemeinsamen Stunden

und wie die Erde
drehen wir uns
nur um uns

und am Ende
müssen wir feststellen
das ein Tag aus 24 Stunden

zur Hälfte aus Tag
und zur anderen Hälfte
aus Nacht besteht

und aus diesem Grund
sind wir beide
zusammen vollkommen.

Zukunftsgedanken

Ich weiß
man soll nicht zu viel träumen
und ich weiß
man soll realistisch sein.

Aber in Gedanken an Dich
will ich in die Zukunft sehen,
Häuser bauen
und die Welt bereisen.

Denn es gibt nichts,
dass ich nicht mit Dir
gemeinsam
erleben will.

Beziehung

Ich möchte
mit Dir
zusammen sein.

Ein Band knüpfen,
das über die Zeit
immer stärker wird.

Einen Halt,
egal ob schlechtes Wetter
oder Sonnenschein.

Ich sehe in Dir den Menschen,
den ich mein Leben lang
an meiner Seite wissen möchte.

Das Hier und Jetzt

Ich sage Dir
ich will im Hier leben
im Hier und Jetzt.

Weil ich Angst
vor der Zukunft habe
Angst vor dem Unbekannten.

Doch in Wahrheit
denke ich
dass ich mit Dir glücklich bin

Und das ich
mit Dir gemeinsam
alt werden will.

Solange Du bist

Solange Du neben mir liegst
will ich nicht aufstehen

solange Du meine Hand hältst
will ich zu Dir stehen

solange Du krank bist
werde ich bei Dir sein

solange Dein Herz schlägt
wird Dir auch meins gehören.

Gemeinsamer Weg

Du denkst
an die Zukunft
und hast Angst
was ich denken könnte.

Du behältst es für Dich
weil Du meinst
dass unsere Wege
vielleicht in verschiedene Richtungen gehen.

Aber Du denkst nicht daran,
das mich mein Weg
immer wieder
zu Dir zurück bringen wird.

Glück

Ich will mit Dir
zusammen sein,
denn Du
machst mich glücklich.

Dieses Gefühl
ist unbeschreiblich
und ich möchte
nicht darauf verzichten.

Ich würde für Dich
alles geben
nur um nicht auf dieses Gefühl
verzichten zu müssen.

Und so kann ich Dich nur bitten
diese Macht,
die Du über mich hast,
nicht zu missbrauchen.

Vertrauen

Ich würde Dich jederzeit
alles mit mir tun lassen.

Du könntest mit mir machen
was auch immer Du willst.

Ich liebe Dich
und ich weiß genau

was auch immer Du tust,
Du würdest mir niemals wehtun.

Mut

Seit ich Dich kenne
habe ich
neuen Mut gefasst.

Ich blicke nach vorn'
und habe
keine Angst mehr
vor dem Unbekannten.

Ich bin motiviert
und optimistisch
was die Zukunft angeht.

Und ich bin bereit
mein neu gefasstes Ziel
gemeinsam mit Dir
in Angriff zu nehmen.

Wunsch

Wir haben zusammen
eine schöne Zeit

und wir beide
genießen sie.

Ich wünsche mir
viel Zeit mit Dir

und das wir beide
für lange Zeit

zusammen
glücklich sind.

Mensch fürs Leben

Du bist der Mensch
der mich motiviert

der Mensch
der hinter mir steht

auf den ich mich blind
verlassen kann.

Du bist der Rückhalt
der mich stützt

und die Schulter
die mich stärkt

Du bist der Mensch
für mein Leben.

Dank

Danke Karli, das Du einfach bist
wie Du bist.
Jetzt wissen Du und die ganze Welt
wie verrückt ich nach Dir bin.

Des Weiteren, gilt mein besonderer Dank
Vladi und Alex.

Vladi, der sich die letzten Jahre immer wieder
meine Ideen mehr als einmal anhören und
durchlesen musste.

Alex, der mir den entscheidenden Schubs
gegeben hat und mich mit Rat, Tat und seinem
technischen Know-how unterstützt hat.

Ohne Euch würde wohl noch alles in einer
Schublade liegen…

Idee zu diesem Buch

Ich weiß, Liebe ist kein sehr neues oder revolutionäres Thema. Nicht sehr ausgefallen, wenn man bedenkt wie viele Bücher, Filme und Musik es zu diesem Thema gibt …
Eine frische Liebe, Gefühle und Gedanken die den Körper und den Kopf durchströmen …

Eigentlich wollte ich nur meinem Freund damit eine Freude machen. Meinem Begleiter. Meiner Liebe. Meinem Karli.

Ich habe mir einen Monat Zeit genommen. Einen Monat lang versucht, so gut es geht, in Worte zu fassen, was in mir vorgeht.

Ich weiß, man kann ganze Bibliotheken mit dem Thema Liebe füllen. Für jeden ist Liebe etwas anderes. Jeder empfindet sie anders. Jeder definiert sie anders.

Manche Menschen schreiben Tagebuch - ich habe das hier geschrieben.